AF284059

Erdbeerflecken.

Eine Gedicht- und Gedankensammlung

von Sophia Gumbinger

Mit Illustrationen der Autorin

Bibliografische Information der Deutschen Nationalbibliothek:
Die Deutsche Nationalbibliothek verzeichnet diese Publikation
in der Deutschen Nationalbibliografie, detaillierte bibliografi-
sche Daten sind im Internet über http://dnb.dnb.de abrufbar.

© 2020 Sophia Gumbinger
Herstellung und Verlag
BoD - Books on Demand, Norderstedt

ISBN: 978-3-7519-2997-4

Intro.

Früher, als kleines Kind, da war ich allergisch gegen Erdbeeren. Das haben wir herausgefunden, als ich einmal Erdbeeren essend, plötzlich überall am Körper rote Flecken bekam. Ich weiß nur noch aus Erzählungen, dass ich wohl ausgesehen habe wie eine Erdbeere selbst. Und so wurde ich zu dem, gegen das ich allergisch war und doch - irgendwann mit der Zeit - verging die Allergie.

Und im Nachhinein, so denke ich mir, stimmt doch der Spruch, dass Dich, was Dich nicht umbringt, stärker macht.

Das hier ist eine Sammlung meiner persönlichen Erdbeerflecken, sowohl gezeichnet auf meinem Körper als auch auf meiner Seele. Sie haben mich nicht umgebracht - nein - mich nur unheimlich gestärkt. Denn ohne sie würde es diese Worte nicht geben und ohne diese Worte nicht dieses Buch. Und ohne Dich, keinen Sinn, es zu teilen. Also vielen Dank, dass ich all' das mit Dir teilen darf.

Ich hoffe, es geht Dir gut.
Trotz Erdbeerflecken.

Deine Sophia

Heimat.

Du kannst es ja versuchen,
das alles aufzubauen,
doch sei nicht traurig, wenn's nicht klappt.
Denn selbst wenn Du dann in Schutt und Asche stehst,
weißt Du immerhin in welcher Stadt.

Denn Du hast versucht,
Dir selbst eine Heimat zu errichten
und ich weiß, dass Du es hasst,
heimatlos durch diese Welt zu irren -
ohne Pause, ohne Rast.

Und ich weiß, dass Du nur ankommen willst,
doch sei nicht traurig, wenn's nicht klappt.
Denn dann hast Du immer noch meine Arme,
die Dich halten, denn bei mir ist immer Platz.

Eigenheim.

Du warst mein Rückzugsort und mein Heimatland,
dachte ich mir, bis ich einsehen musste,
dass ich beides doch in keinem fand.

Außer in mir selbst.

Der Regen.

Sie sagen, der Regen sei Applaus,
doch das halte ich nicht aus.
Hab' mir einen Regenschirm gekauft,
um ihn nur hören und nicht
auch noch spüren zu müssen.
Denn er applaudiert für nichts,
wenn er das nur wüsste.
Er applaudiert für mich? Weiß er denn nicht,
dass mein Erfolg dem puren Nichts entspricht?
Der Leere, der endlosen Utopie der Versager,
der Monotonie und dem Wagnis,
dass alles bleibt, wie es grad' ist.

Weil alles gleich bleibt, schon seit Jahr'n
ist alles so unerträglich.
Das Murmeltier grüßt täglich
und mein Leben, das hat Spätschicht.
In meinem Zimmer brennt noch spät Licht,
denn es wird schlimmer, wenn's nach Zehn ist
und ich bis vier Uhr morgens
immer noch nicht schlafen kann.
Ich hör' mir stundenlang den Regen an,
heil' die Wunden, doch sie legen's drauf an,
reißen ständig neu auf und erinnern mich dran,
dass ich und nur ich dafür etwas kann.

Und der Regen spricht mich darauf an,
applaudiert mir ironisch zu.
Wieso ist das Fenster noch offen?
Und die Tür noch nicht zu?
Ich will keinen Applaus,
lach' mich selbst doch schon aus,
wie eine Katze die Maus, die ihre Tatze anschaut,
während sie appetitlich miaut
und den Erfolg schon verdaut.
Das Lied ist so laut, das der Regen mir singt.
Wie ein Schrei, der ertönt, bevor man kläglich ertrinkt.
Oder wenn beim letzten Test
das Ergebnis nicht stimmt.
Aber jeder Atemzug, den ein Erlebnis dir nimmt,
schenkt dir mehr Leben.
Also nimm das Ruder in die Hände,
sag' ich zu mir selbst,
weil ich nur Zeit hier verschwende.
Alles drehe, nichts wende.
Finde den Anfang, doch kein Ende.

Seit wann hat der Regen kleine Hände,
die so laut klatschen, als ob es große wären?
Wie kommt man darauf: „Der Regen, ein Applaus"?
Kann mir das einer erklären?
Wo kann ich mich beschweren,
dass die Vorstellung mich auffrisst?
Und der Applaus nun wie ein Rausch ist,
der mich ins All schickt wie ein Raumschiff?
Weil das alles wie ein Traum ist.
Und ich trau' mich nicht nach draußen,
wo der Regen wie Applaus spricht.

Wo er die Katze und man selbst die Maus ist,
wenn man weiß, dass der Applaus unverdient so laut ist.
Selbst ein einziger Regentropfen wäre nicht leise genug,
denn ich bin leider nicht gut, nur im Schweigen und Wut
Spüren und Zeigen.
Für alles zu haben und nichts zu begeistern.
Der Regen hat nicht Recht, das will ich ihm beweisen,
doch nach all' den Versuchen
ist er immer noch nicht leise.
Und eigentlich weiß ich nicht,
warum aus mir dieser Zweifel spricht.

Vielleicht meint der Regen es ernst,
nur verstehe ich nicht,
warum er für mich aus all' diesen Wolken bricht.
Und applaudiert, obwohl ich doch nicht verstehe,
warum das alles passiert.
Wieso Menschen mir sagen, der Regen sei Applaus,
doch ich will es wagen und vertraue mal darauf.
Und vertraue mir selbst,
wenn ich lauf', dass es richtig ist.
Auch wenn es nicht wichtig ist, Hauptsache,
Du versprichst Dir nichts, was Du nicht halten kannst.
Verspreche ich mir selbst und fang' zu glauben an,
dass der Regen da draußen
durchaus ein Applaus sein kann.

Weil ich mich bei ihm bedanke,
ohne ihn zu begründen.
Denn ich habe aufgehört mich zu suchen
und beschlossen, mich zu finden.

Horizonterweiterung.

Glaub' mal mehr an Dich
und weniger ans Scheitern.
Nie wieder Grenzen setzen,
sondern Horizont erweitern.

(M)ein Tempel.

Mein Körper ist ein Tempel,
das hab' ich viel zu lange nicht kapiert.
Habe Türen eingetreten, um zu entkommen
und mich selbst barrikadiert.
Ich habe meinem Fundament nicht vertraut
und mein eigenes Zuhause gehasst.
Habe nicht zu schätzen gewusst,
was die Säulen tragen.
Aus dem Staub der Vergangenheit erbaut,
ein Palast.

Mein Körper ist ein Tempel,
das fällt mir jetzt auch auf.
Ich selbst bin hier willkommen,
nicht gefangen.
Ich bin nicht verloren,
sondern Zuhaus'.

Kernproblem.

Ich hätt' es gern gehabt, dass Du mich gerne hast.
Hab' mir gewünscht, dass es so wäre,
doch in nächtlich schwarzer Leere
hab' ich beim Sternschnuppenregen
wohl den Stern verpasst.
Hab' gedacht, dass nur der Kern nicht passt
und hab' die Hüllen abgelegt,
um einen neuen Kern zu finden,
dem die Hülle besser steht.

Hab' es gedreht und es gewendet
und trotzdem immer daran fest gehalten.
Bist geblieben wie der Kater am Sonntagmorgen,
wie die letzten Gäste auf einer Party,
nur noch Restgestalten.

Und trotzdem hab' ich daran festgehalten
und mich dabei im Dunst verloren.
Ich denk' so oft daran, wie wäre es gewesen:
Hätte ich mich so geliebt wie Dich,
was wäre dann aus uns geworden?

Diese Momente.

Diese Momente
tragen das Glück in ihren Sekunden.
Wir blinzeln nur kurz
und dann sind sie verschwunden.
Doch nicht vergessen,
denn währenddessen
haben sie sich
in unsere Gedanken geschrieben.
Und wenn wir uns später daran erinnern,
werden wir bemerken:

Die Momente sind vergangen,
doch das Glück ist geblieben.

Zwei Ruinen, ein Palast.

Aus zwei Ruinen erbaut man einen Palast.
Zwischen unsicheren Seelenfragmenten
hält man das letzte Puzzleteil in der Hand,
mit der Gewissheit, dass es passt.

Zwei leere Paar Hände greifen
nach der Unendlichkeit.
Inmitten des Vergehens aller Dinge,
mit dem Vertrauen, der Illusion des Gefühls,
dass alles so unendlich scheint,
hat man das Gefühl, dass plötzlich alles stimme.

Zwei einsame Herzen laden
zum Abendessen bei sich ein.
Hungrig schon seit Ewigkeiten -
nach mehr Beweglich- und Bequemlichkeit,
um sich zu verbinden, dort bei Kerzenschein.
Zu sagen: Dir gehört mein Alles.
Was mir ist, ist auch Dein.

Vergebung.

Und dann doch,
wenn wir ab und an eine Weile,
weniger zusammen als alleine,
nicht reden und nicht schweigen,
sondern selbst der Text sind - zwischen Zeilen.
Uns Zeit nehmen anstatt uns zu beeilen.
Uns vergeben und verzeihen.
In Zeiten die noch kommen
und in Zeiten, die schon vorbei sind.
In Fehlern, die wir sind
und in Fehlern, die wir bleiben.
Dann kommen wir an, wo wir schon sind.

Weil wir erkennen, dass wir daheim sind.
Weil wir erkennen, dass wir längst frei sind.

Fensterbrettmelancholie.

Und ich sitz' an meinem Fenster
mit den Blicken in die Leere,
in der Hoffnung, dass da mehr ist.
Starre Löcher in die Nachtluft
und beschwer' mich, weil's so schwer ist -

Dich loszulassen und Dich zu vergessen,
denn die Hälfte meiner Gedanken,
die lebt immer noch im Gestern.

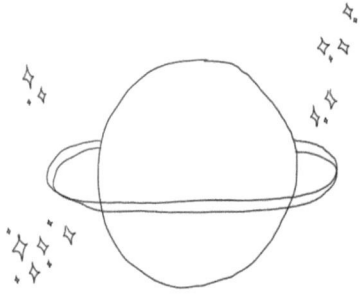

Nachtluft.

Du pustest die Reste der Asche
von Deinem Mantel in die Nachtluft.
Siehst nur zu den Sternen
und schenkst Dir selbst keine Beachtung.
Redest stundenlang mit dem Mond
und er lacht und nimmt -
ab und zu hast Du das Gefühl, Du tust es auch.
Nicht an Beinen oder Bauch, sondern am Herzen,
denn in Gedanken bist Du auch dort oben,
wo der Nachthimmel hell leuchtet.
Und ich sehe, dass Du enttäuscht bist.
In Deinen Blicken und wie Du es aussprichst:
„Er bewegt die Meere, doch ich bewege keinen",
sagst Du, fängst an zu weinen.
Nach der Stille folgt Dein Schweigen.
„Du bewegst dich selbst", sag ich Dir leise
und puste die Reste der Asche
von Deinem Mantel in die Nacht.
00:00 Uhr, da hat gerade jemand an Dich gedacht.

Du stellst leere Flaschen ins Regal,
Dich selbst zurück ins Leben.
Bist genauso leer wie sie,
kannst nicht aufhören zu geben
und Nehmen ist nicht Deine Art und Weise.
Dein Erspartes sparst Du heimlich leise,
denn „Über nichts kann man nicht reden",
sagst Du und schweigst über Deinen Besitz.
Sagst, was Du bist entspricht dem Nichts.
Und ich liebe, wie Du redest,
doch ich hasse, was Du sprichst,
denn die Wahrheit bleibt Dir verborgen.
Das Wahre siehst Du nicht.
Bist mit Lügen aufgewachsen,
aus Lügen nie aufgewacht
und denkst nun, sie spiegeln Dich
wieder, doch Du wiederholst nur alte Lieder
und singst sie lauthals in die Nacht.
Denkst, Deine Fehler haben Dich erschaffen,
doch nur Du hast sie gemacht.
Und nur Du kannst aus ihnen lernen,
doch Du hörst mir schon nicht mehr zu -
mit dem Blick nur in die Ferne.
Und in Gedanken bist Du auch dort oben,
wo der Nachthimmel hell leuchtet.
Nimmst, was Du bekommen kannst,
doch bekommst nicht das, was Du bräuchtest.
Denn Du hörst Dir nicht selbst beim Schweigen zu.
Siehst nicht selbst, wie hell Du leuchtest.

Du pustest die Reste der Asche
von Deinem Mantel in die Nachtluft.
Siehst nur zu den Sternen
und schenkst Dir selbst keine Beachtung.
Und ich kann sie in Deinen Augen sehen,
bei genauerer Betrachtung.
Und das sage ich Dir und Du lachst
und für einen Moment vergeht Deine Missachtung.
Und ich glaube, Du kommst an,
bei Dir selbst in diesem Moment.
Und es ist 1:01 Uhr und ich hoffe,
Du bist derjenige, der an Dich denkt.
Denn Dein Leben ist eine Pyjamaparty
in Deiner Seele,
nur eine Übernachtung der Zeit
und sie verfliegt.
Gib bloß Acht und verlier' Dich
nicht in der Nachtluft.

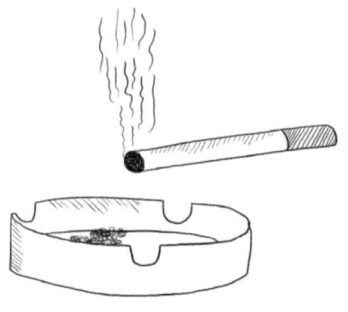

Ozean der Zigaretten.

In ihrem Aschenbecher herrscht Flut.
Kalte Asche erdrückt das Ganze,
liegt auf ihren Lungen, erstickt die Glut.
Und sie steckt sich noch eine an,
in der stillen Hoffnung, dass sie schwimmen
und so mit der Ebbe entkommen kann.

Sie taucht unter,
sucht den Grund, doch kommt nie an,
verflucht den Grund, doch hat ihn nie gekannt.
Nur grundlos nach einem Ziel gesucht
und gegen Wände gerannt.
Sie sucht Halt, doch keine Hände finden ihre Hand.
Also schwimmt sie weiter in ihrem ewigen Freitag,
wo man denkt, der Montag kommt gleich,
obwohl man ewig noch Zeit hat.
Und sie steckt sich noch eine an,
in der Hoffnung, dass das Ende
noch ein wenig warten kann.

Denn so grundlos ihr Treiben auch ist,
hat sie Angst, zu ertrinken
und dass man sie dabei vergisst.

Mandala.

Ich sehe mich selbst wie ein Mandala,
mit fremden Linien, leicht übermalt.
Als hätten fremde Hände es angemalt,
als hätte ich mich nicht selbst erfüllt,
selbst nicht erfunden.

Als hätten andere Menschen
meine Vergangenheit überwunden.
Als hätten andere Menschen mein Leben gelebt.
Ich sehe mich selbst wie eine Collage,
chaotisch geklebt.
Wie hastig von fremden Händen erschaffen,
aus tausend Teilen bestehend,
wie ein Puzzle des Schwachsinns.

Ich liefer' anderen eine Mandalavorlage,
anstatt mich selbst auszumalen.
Warte auf Antworten von außen,
anstatt mich selbst mal zu fragen:
Wer ich überhaupt bin?
Ja, macht das überhaupt Sinn?

Wunder Punkt.

Ich bringe es oft nicht über's Herz,
die Dinge auf den Punkt zu bringen.
Rede ständig nur drum herum,
als würde ich den Grund nicht finden,
Der doch in mir ist, ein „Nein",
ein schlichtes „So ist es".
Und es tut mir Leid, aber ich kann das nicht,
dafür ist es mir zu wichtig,
freundlich zu bleiben.
Also bleibe ich dabei,
weiter freundlich zu schweigen.
Und belüge mich nur selbst
und betrüge mich und selbst
dann bringe ich es nicht über's Herz,
die Dinge auf den Punkt zu bringen.

Weil ich eben immer noch weiß,
dass diese Dinge sich
in meinem wunden Punkt befinden.

Waldbrand.

Sie ist kein Lagerfeuer,
dem man sich nähert,
um sich zu wärmen.

Sie ist ein Waldbrand,
den man aus der Ferne bestaunt.

Karibik.

Ich sag' zu Dir, ich hätte gern
ein Strandhaus in der Karibik,
doch Du streust mir nur den Sand aus,
sagst, Du magst es gern akribisch.
Und Du machst es
und das lieb' ich
so an Dir.

Jedes Sandkorn legst Du einzeln
zwischen meine Zehen
und auf meine Beine.
Auf meiner Haut spür' ich Deine,
brauch' nur Deine Nähe, ansonsten keine.

Bei Dir
bin ich
zuhaus'.

Wasserballett.

Ich schaue nach außen.
In der Ferne ist mir die Weite nichts wert.
Doch irgendwie schaue ich dabei
auch nach innen
und plötzlich ist alles seitenverkehrt.

Außen und innen
und wo bin ich in dem ganzen Hin und Her?
Auf einmal sind meine Füße dort
am Boden,
wo doch eigentlich der Himmel wär'.

Und Schwerkraft hält mich
nicht an Ort und Stelle,
das Himmelszelt ein Wasserbett.
Das Meer und ich, mittendrin,
dort die Welle und wir strampeln alle
in diesem, oh, hinreißenden Wasserballett.

Graffiti.

Du warst mein Lieblingsgraffiti der Stadt.
Hab' mich an Dir und Deinen Farben nie satt
gesehen,
doch nun blättert Deine Farbe ab,
ich muss gestehen:
Dass ich Dich nicht mehr hab'
und nie wirklich hatte,
ist jetzt kein Problem mehr für mich.
Denn ich kann nun
so viel mehr sehen
als Dich.

Wunschkonzert.

Das Leben ist kein Wunschkonzert, aber manchmal spielt es auf Shuffle den perfekten Song.

Und dann bemerkst Du immer wieder, wie schön diese ungewisse Symphonie doch sein kann. Und Du willst gar nicht die erste Geige darin spielen, nicht selbst bestimmen, was passiert, weil es so, wie es kommen wird, auch kommt. Und Du wirst es lieben, manchmal hassen und verfluchen, doch im Großen und Ganzen, da weißt Du, dass das alles so zu sein hat. Weil alles ist wie es kommt und bleibt wie es geht und Dich verändert und formt. Und Du wächst und Du verlierst, nimmst zu und ab wie der Mond und Du bewegst Meere in Dir drin, die Du selbst noch gar nicht kennst. Und Du hast längst aufgegeben, zu versuchen, die Kontrolle an Dich zu reißen, weil Du ganz genau weißt, dass das überhaupt nichts bringt. Denn das Leben ist kein Wunschkonzert, aber ganz egal, welches Lied auch spielt - da ist immer die Musik.

Stille Post.

Er klopft an die Tür.
Vorbei ist er schon gegangen,
der Moment.
Vergeht nicht alles Schöne viel zu schnell?
Hat er gerade doch erst angefangen?
Und man hält sich -
Fest glaubt man an Wunder der Zeit,
im Sekundentakt verflogen.
Und Du weißt ja, wie das ist,
wenn man in stille Wasser geht,
glättet man selten nur die Wogen.
Denn stille Wasser sind -
Tief ziehen sie Dich nach -
Unten atmest Du schwer.
Ein Moment wie dieser, der klopft an die Tür.
So scheinbar voller Glück ist er,
als ich die Tür öffne, doch leer und weg,
vorbei schon gegangen.
Ich schaue ihm nach und
so sind es nur meine Blicke,
die versuchen,
ihn zu fangen.

Vielleicht.

Und vielleicht kann ich mich nicht finden,
weil ich Dich suche, wenn ich verloren gehe.

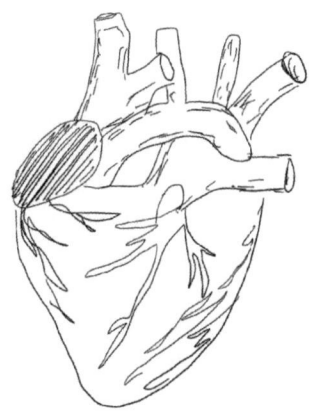

Autokino.

Im Autokino sitzen wir hinter dreckigen Scheiben
und beschweren uns, weil wir nichts sehen.
Doch plötzlich verfallen wir
in ein gemeinsames Schweigen,
weil wir beide im gleichen Moment
unseren Fehler verstehen.
Waschanlage, frag' ich Dich und Du nickst mir nur zu.
Aber ich will nicht fahren, nein, nicht ich, besser Du.
Also setzt Du Dich hinter das Lenkrad
und ich schaue Dir dabei zu,
wie du im leichten Nieselregen
den Schlaglöchern ausweichst.
Und ich lächele nur in die Ferne,
weil es für Worte nicht ausreicht.

Heute ist Dein Geburtstag,
hast Du mir am Morgen gesagt.
Und was ich mir denn wünsche, hast Du mich gefragt.
Und ich habe tausend Dinge aufgezählt,
um den Tag auszunutzen,
doch im Endeffekt war es doch nur diese eine Sache,
die ich brauchte - wie wir beide schon wussten.
Nicht chinesisches Essen holen
oder im Autokino dreckige Scheiben verfluchen.
Kein Sekt zum Frühstück, keine Blumen, kein Kuchen.
Nein, es war am Ende keins von diesen Dingen.
Denn am Ende war mein Wunsch nur gewesen,
mit Dir Zeit zu verbringen.

Der beste Sommer.

Die Luft brennt auf meiner Haut.
Die Hitze frisst mich auf,
wie Brennnessel
auf Feldern.
Nur das Feld, das bin ich und
auch ich fühle mich wie der Sommer,
wenn auch nur, wenn Du bei mir bist.
Denn dann fühle ich mich beflügelt
und ein kleines bisschen auch erhitzt.
Wie die Teetasse, die Du hältst,
während Du gegenüber von mir sitzt
und ich lächel' Dich an,
Du nimmst deinen letzten Schluck -

Das war der beste Sommer,
hätten wir es doch damals schon gewusst.

Mach mal langsam.

Mach mal langsam,
schreist Du mir mit kurzem Atem in mein Ohr.
Mach mal langsam,
schreist Du und rennst an mir vorbei schon einmal vor.
Und deine eigene Weisheit
scheinst Du selbst noch nicht verstanden,
denn du warst es immer schon gewesen, ja,
der schneller als ich rannte.

Doch ich ertappe mich selbst,
wie ich Tipps verteile, doch nicht lebe.
Wie ich mich selbst heile, doch nicht pflege,
mich beeile, eigentlich steh'n will.
Und nun rennen wir beide anstatt zu gehen.
Und im Endeffekt ist es eben schwierig,
dieses Treiben zu verstehen.

Mach mal langsam,
schreist Du mir mit kurzem Atem in mein Ohr.
Mach mal langsam,
schreist Du und rennst an mir vorbei schon einmal vor.
Ja, deine eigene Weisheit scheint Dich selbst überholt
zu haben, ja, hat es sich denn überhaupt gelohnt,
mich zu fragen, wieso ich so schnell renne?

Wir wissen doch beide,
dass wir den Grund beide kennen.
Weil man eben rennt,
wenn man nicht so recht weiß, wohin.
Und dass das paradox ist und so falsch,
getrieben von der Angst, auf kurze Distanz,
sich selbst verloren darin.
Sich selbst finden wollen und sich dabei beeilen,
ohne zu bemerken, dass wir doch nur im Moment
im Hier und Jetzt wirklich dabei sind.

So rennen wir nicht zu, sondern weit von uns weg.
Ja, das Ziel, sage ich Dir leise,
scheint in uns schon versteckt.
Also mach mal langsam, schreie ich Dir hinterher,
doch Du bist so weit schon entfernt,
ich glaube, Du hörst mich nicht mehr.

Und ich schreie laut:
Nicht nach außen, nein,
nach innen musst du gehen.
Doch die Distanz zerreißt meine Worte,
ich glaube, Du kannst sie nicht verstehen.

Mach mal langsam, sagst Du
und nimmst selbst den Coffee To Go.
Der Pappbecher zerknittert,
der Inhalt lecker, verschüttet.
Hemd hinüber, Hand verbrannt.
Ich schau Dir zu, Du schaust mich an und fragst:
Wo hat das alles angefangen?

Langsamkeit.

Dies ist ein Hoch auf die Langsamkeit,
weil gut im Leben ist, was langsam treibt.
Was fließt und sich den Weg ebnet, wie es kommt.
Was, sobald es regnet, Walzer tanzt auf dem Balkon.
Was ohne „Wenn und Aber" einfach ist, bedingungslos.
Was weder Regeln noch Normen formen können.
Was formlos ist und doch so groß.

Regentanz.

In der Dürrezeit
vollführst Du einen Regentanz.
Weil die Worte Dir entgleiten,
fängst Du prachtvoll an zu schreiten.
Weil Du die Stille nicht ertragen
und was still ist nicht bereden kannst.

In der Wüste Deiner Träume
tanzt Du Walzer mit Dir selbst.
Wirbelst Sandkörner der Vergangenheit
wild auf und stolperst manchmal
über Fragen, die Du selbst Dir stellst.

Und nach Dir die Sintflut,
denkst Du Dir mit jedem weiteren Schritt.
Denn Dein Ende ist ein Anfang,
der Dich nicht tangiert
und nicht betrifft.

Doch trotzdem merkst Du schon,
wie das Wasser langsam steigt.
Und du fragst Dich, was du warst und bist
und was am Ende Deines Tanzes von dem Glanz
und von dem Ganzen überhaupt noch bleibt.

Wie wir leuchten.

Oh, wie wir leuchten.
Und die Momente, am wertvollsten,
in denen wir verdrängen
und vergessen, dass wir dabei auch verglühen.

Wir sind wie Sternschnuppen,
ferngesteuert vom Schicksal, sagen die einen,
selbstgesteuert von Träumen die anderen.
Und wenn ich so darüber nachdenke,
weiß ich nicht, wo ich am besten dabei anfange.
Denn das Leben ist so breit gefächert
wie ein Palmenblatt.
So wertvoll wie eine Oase in der Wüste.
Wie jedes Sandkorn,
weil es am Ende das Kleinste ist,
worauf es ankommt,
weil das Kleine formt, was das Große ist.
Eine Schablone für Wunder im Alltag kreiert.
Und wer es sehen kann,
das Leuchten, der hat Glück,
denn viele wandern blind durch diese Welt.

Ja, ich weiß, es klingt verrückt,
an Wunder noch zu glauben
in diesem Drunter und Drüber.
Doch nur der Glaube daran
treibt die Wunder zu uns rüber.

Oh, wie wir leuchten.
Und die Momente, am wertvollsten,
in denen wir verdrängen
und vergessen, dass wir dabei auch verglühen.

Sternenstaub hat uns erbaut.
Unsere Körper sind Himmelswesen
Und doch behandeln wir uns gegenseitig,
als hätte es diesen Himmel nie gegeben.
Doch es gibt ihn:
Über uns thronend und in uns verborgen.

Denn wir sind schon dort,
wo wir anzukommen versuchen.
Wir sind schon die Menschen,
die wir sind und wir leuchten,
oh, wie wir leuchten, wie wir leuchten
und die Momente, am wertvollsten,
in denen wir verdrängen und vergessen,
dass wir dabei auch verglühen.

Ein Stück Unendlichkeit wird uns
in solchen Momenten geschenkt,
von dem Universum in unser Herz gelegt.
Und nur der Mensch, kann sich selbst heilen,
der am Ende auch den Schmerz versteht.
Denn alles ist ein Einfluss,
lässt uns fließen, treiben, schweben.
Das ist der Zündstoff, die Emotionen,
der Treibstoff unseres Lebens
Der Schmerz als Katalysator,
die Freude, das Glück, die Liebe.

Alle Emotionen,
im Grunde genommen das Gleiche
und doch am Ende so verschieden.
Doch alles entzündet uns.
All' das lässt uns leuchten.

Und wir finden nicht die Antwort,
weil wir selbst die Antwort sind.
Wir erreichen nicht das Ziel,
weil wir längst dort angekommen sind.
Am Horizont unserer Seelen,
unendlich und ewig zu erweitern,
lernen wir, Fehler zu vergeben,
eigenes Versagen und Scheitern.

Denn am Ende des Tages
erhellen wir trotzdem die Nacht.
In unseren Seelen Feuerwerke,
für die Unendlichkeit entfacht.

Nomadin.

Du selbst bist die Oase in der Wüste,
die Du suchst.
Du bist die Hoffnung und das Leben,
all' das und Du tust
noch ganz so,
als würdest Du es nicht verstehen.
Ich würde Dir gerne die Last
von Deinen Schultern nehmen.
Doch nur Du alleine
trägst Dich durch diese Welt.
Du bist eine Nomadin,
Dein Körper Dein Zelt
und Du selbst bist die Oase in der Wüste,
die Du suchst.

Ich hoffe, irgendwann, siehst Du ein:
Du bist genug!

Cheers.

Auf das wunderschöne Chaos.
Auf die Ruinen der Häuser,
die nie standen
und den Staub auf den Dingen,
die nie waren.

Rotweinflecken.

Rotweinflecken verstecken,
vergebens verblassen lassen
und sie trotzdem von Zeit zu Zeit fassen
und fühlen und spüren.
Die Nächte im Blut, vom Feuer die Glut.
Ewig brennend, ewig bleibend.
All' die Gespräche und all' das Schweigen,
wie der Rotwein in jeder Faser der Körper von uns.
Verschweigen ist einfach, Vergessen eine Kunst.
Doch um Künstler zu sein,
bedarf es mehr als nur Wein,
denn man muss auch vom Leben betrunken sein.
Und torkeln und fallen und Gefallen daran finden,
sich suchen, verlieren und irgendwann auch finden.
Und werden und bleiben und sterben und bleiben.
Ewig beständig
wie die Rotweinflecken in unseren Kleidern,
die bleiben und erinnern an uns, doch sie flimmern
im Licht der Kerzen wie alte Videokassetten.
So schwer zu verbergen, so schwer zu verstecken.
Egal, an was wir denken, wir denken ewig zurück,
bis wir uns selbst irgendwann vergessen,
Stück für Stück.

Denn die Erinnerungen sind wie Rotweinflecken,
die kaum vergänglich in unseren Fasern stecken.

Autopilot.

Mit Dir ist mein Leben
im Autopilot-Modus,
weil alles läuft,
ohne dass ich es lenken muss.
Weil alles schon gut ist,
so wie es ist und ich muss auch nichts sagen,
weil ich an gar nichts denken muss.

Mit Dir ist meine Seele
im Energiespar-Modus,
weil sie zur Ruhe kommt,
sobald ich Dich seh'.
Weil Du wie Balsam bist
und so meine Wunden heilst,
tut selbst die Vergangenheit in mir
nicht mehr weh.

Wind.

Die Menschen sind ein Gegen-,
Du mein Rückenwind,
weil ich bei den anderen vergeblich suche,
doch mein Glück nicht find'.

Weil ich bei Dir fliege,
ja, es wirkt verrückt, doch stimmt.
Weil ich bei Dir fliege,
bei Dir glücklich bin.

Bedingungslos.

„Eine Freundin von mir hat einmal gemeint, dass sie ihre Seele gesehen hat und dass sie genau so aussieht, wie sie sich anfühlt", Sie lachte, „ich glaube, Du hättest Dich gut mit ihr unterhalten können."

„Das ist ein schöner Gedanke. Er gefällt mir."

„Welche Farbe, glaubst Du, wäre dann ‚Zufriedenheit'?", fragte Sie mich. Sie war mir hinterher geschwommen und lag nun wieder neben mir in den Wellen. Sie drehte sich erneut auf den Rücken und starrte in den Himmel.

„Bunt. Ich glaube, sie ist bunt."

„Dann ist meine Seele das gerade auch", sagte Sie, nur um dann wahrscheinlich selbst festzustellen, wie kitschig das war, denn Sie blieb still nach diesen Worten. Doch ich fand es nicht schlimm.
Viel mehr fand ich es schön, dass Sie zufrieden war.
Und viel schöner war es,
dass ich Ihr das auch glaubte.
Denn in diesem Moment war ich es auch.

Bedingungslos.

Sonntagmorgen.

Sonntagmorgen.
Die Katze kitzelt mich wach,
danach Dein Bart,
der sanft vertraut
auf meinen Wangen kratzt.

Es ist zum Lächeln schön, doch witzig ist es nicht.
Weißt Du eigentlich, wie wichtig Du mir bist?

Mit Dir zu tanzen zu den Sonnenstrahlen,
die unsere Pancakes tauchen in goldenes Licht.
Als würden sie eigene Welten malen
und mittendrin,
da find ich mich

in Dir,
in Dir,
in Dir.

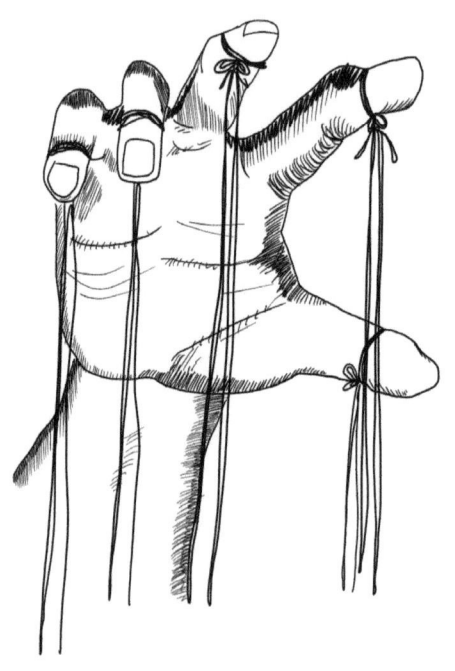

Akzeptanz(en).

Ich bin schwerelos.
Akzeptiere die Fäden des Schicksals,
an denen ich hänge,
schwinge in ihnen Richtung Zufall
und lasse meine Schere los.

Ich komme an im Hier und Jetzt
und nenn' es mein Zuhaus',
weil ich bemerke, dass alles,
was ich habe, all' das ist,
was ich auch brauch'.

Hausflur.

In Deinem Altbau Hausflur sitze ich und warte.
Etwas unter Druck, weil ich im Halteverbot parke.
Nicht nur mit meinem Auto vor dem Haus,
sondern auch ich selbst in Deinem Herzen.
Denn, dass wir uns das letzte Mal gesehen haben,
ist so lange jetzt schon her und ich weiß ja gar nicht,
ob Du noch wartest auf mich.
Ich spiele auf Risiko, wie immer,
setz' alles auf eine Farbe für Dich.
Alles auf Rot, all in, mein Motto:
Alles oder nichts.
Und ich hoffe, dass Du weißt:
Es ist nicht alles ohne Dich.

In Deinem Altbau Hausflur sitze ich und warte.
Etwas unter Druck,
weil Du immer noch nicht da bist.
Und ich weiß, hier zu sein, ist ein größeres Wagnis.
Mehr noch, wenn man bedenkt,
ja, was heute für ein Tag ist.
Sonntag, ja, doch dieser Sonntag
ist nicht alle sieben Tage, denn es ist der Tag,
an dem ich mich für Dich entschieden habe.
Und so warte ich hier, warte vergeblich auf Dich.
Doch neben mir auf der Treppenstufe
sitzt lediglich nur das Nichts.

In Deinem Altbau Hausflur sitze ich und warte.
Auf ein Wunder oder nur
das Geräusch Deiner Schritte,
wie Du hochläufst oder runter,
mir zu begegnen, mir zu sagen,
dass es sich gelohnt hat, hier zu warten.

Doch die Stille liegt im Hausflur
und ich verliere mich in meinem eigenen Atem,
der ungleichmäßig
meinen Brustkorb hebt und senkt.
Ich werde langsam zu müde
und der Hausflur mir zu eng.
Ja, die Wände scheinen mir näher zu kommen,
als Du es je warst
und so stehe ich auf,
um nicht länger mehr zu warten.
Weil es letztendlich
keiner Erklärung mehr bedarf.

Denn Deine Stille, so merke ich jetzt,
hat bereits alles schon gesagt.

Du.

Du bist
die Stille nach dem Lärm
und die Ruhe
vor dem Sturm.

Du bist
die einzig richtige Antwort
auf das große
Warum.

Deine Lippen.

Seitdem ich Dich kenne
sind mir die Worte entglitten,
denn ich sehe ja,
wenn ich ans Reden denke,
unentwegt nur Deine Lippen.
Dann bin ich wie verzaubert,
wie verflucht, verdammt zu schweigen.
Weil ich gar nicht mehr weiß,
dass meine Lippen noch sprechen können.
Sie hängen in Gedanken ja
nur noch an den Deinen.

Was wir sind.

Wir sind nicht das Leben,
sondern nur das, was es ummantelt.
Wir sind nicht die Seele,
sondern nur das, was darin wandelt.

Und die Wege führen immer mehr in die Irre.
Je schneller wir rennen,
desto weiter weg scheint das Ziel.
Während wir unsere leeren Hüllen
versuchen zu füllen, sehen wir ein:
Das scheinbare Nichts, das uns trägt,
Ist letztendlich sehr viel.

Nicht ohne Grund sagt man,
in der Ruhe läge die Kraft.
Und noch bekannter die Weisheit:
Ja, weniger sei mehr.
Der Schein trügt, vermeintlich haben wir es geschafft,
doch im Endeffekt rennen wir nur ewig hinterher.

Wir drehen unsere Runden, weil wir denken
und wir glauben, dass wir uns am Ende
jedes Kreises einmal selbst begegnen.
Wir sind gierige Herzensmenschen.
Wir schenken und wir klauen den anderen die Zeit,
während wir dabei selbst unsere eigene geben.

Wir sind nicht das Leben,
sondern nur das, was es ummantelt.
Wir sind nicht die Seele,
sondern nur das, was darin wandelt.

Wir sind nur wie die Blätter am Baum.
Das Kleid des Lebens
und irgendwann
fallen wir
alle.

Physiker.

Gefühle sind wie physische Gesetze,
genauso kompliziert.
Was man Jahre lang berechnet
und dann gar nicht funktioniert.
Was man an Naturkräften messen will,
was nicht gelingt und dann versagt.
Das, was man um jeden Preis vergessen will.
Das, was man aufschiebt
und jahrelang vertagt.

Und doch letztendlich nicht los wird,
denn es ist Teil des großen Ganzen.
Man kann nicht vermeiden zu fallen,
wenn man bloß aufhört zu tanzen.

Momente.

Manchmal betrachte ich den Moment
und denke mir,
er sei doch viel zu schnell verbraucht.
In der Sekunde, in der ich ihn muster‚
seh' ich Dich an und erkenne,
ja, Du denkst es auch.

Denn Momente isolieren sich von der Zeit,
dort, wo sie existieren.
Wenn sie einmal vergangen sind,
ist man verdammt, sie zu verlieren.

Sie verblassen nur in Erinnerung,
wie auf Pergamentpapier,
in das hauchdünn unser Herz gewickelt ist.
Nur ein einziges Monument bleibt hier,
während die Zeit vergeht und
in der Vergangenheit schon versickert ist.

Als wären die Jahre Fugen,
in die alles nur fließt.
Und man kann es verfluchen,
oder einfach versuchen,
dass man weniger verpasst,
als es mehr noch genießt.

Was ich Dir sagen kann.

Ich würde Dir gerne meine Flügel leihen,
damit du wieder fliegen lernst,
doch das Leben hat sie mir
vor vielen Jahren selbst entfernt -
und manipuliert.
Wie ein Heißluftballon,
der immer mehr an Luft verliert.
Ich würde Dir gerne ein Licht geben,
um Dir den Weg zu zeigen,
doch meine Energiesparlampe,
die flimmert nur noch schwach.
Denn es sind schwere Zeiten, nicht nur für Dich.
Für den Rest dieser Welt.
Für jeden Menschen und für mich.

Aber weißt Du, was ich dir sagen kann?
Es geht weiter,
immer weiter,
immer weiter.

Wer wir sind.

Wir alle haben Angst,
dass die Anderen vergessen, wer wir waren.
Aber viel schlimmer ist es,
wenn wir vergessen, wer wir sind.

Teeparty.

Gestern habe ich den Sinn des Lebens zu mir eingeladen.
Wir saßen eine Weile auf dem Balkon
und sprachen darüber,
was die Menschen über ihn denken und über sich
selbst.
Was sie verschweigen, im Stillen zu sich sagen
und mit sonst niemandem teilen.

So etwas wie:
„Warum ist dieser eine Tag noch nicht gekommen?
Der Tag, an dem, wie alle so schön sagen,
man sich selbst findet in all' den Fragen,
die man sich ewig schon stellt."

Ich habe Tee gekocht,
eine Tasse für den Sinn und mich,
doch als der Sinn einen Schluck nehmen will,
spuckt er den Tee über sich und lacht.
Er lacht ohne Pause, ist nass, doch das stört ihn nicht.
Er wischt den Tee nicht einmal weg,
hat ihn immer noch im Gesicht.
Er tropft aus seinen Wimpern
und alles, was er sagt ist
Nichts.

Ich habe Tee gekocht, für den Sinn und mich.
Hab' ihn gut verrührt und ziehen lassen,
mit Liebe gewartet und mit Gin vermischt.
Zwei Tassen habe ich aus dem Schrank geholt,
die schönsten, die ich hatte.
Doch der Tee war noch zu heiß.
Er verbrannte sich seine Hände
und ließ los, Scherben auf dem Boden der Tasse.
Und ich sammle sie ein, setz' sie wieder zusammen.
Der Sinn schaut mir zu und sagt:

„Ja, das machen die Menschen immer mit mir.
Sie versuchen, mich zu sammeln
und zusammenzusetzen.
Dabei bin ich schon in euch, ich bin schon in Dir.
Also nimm Dich selbst zusammen
und sieh einfach ein:

Anstatt Dich selbst zu sehen,
lädst Du mich auf eine viel zu heiße Tasse Tee
bei Dir Zuhause ein."

Seeglas.

Manchmal fühl`ich mich wie Seeglas,
glatt geschliffen von den Wellen.
Ausgewichen all' den Schiffen
und zerschellt dann an den Felsen.

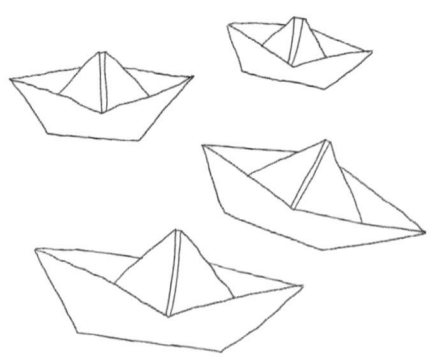

Schiffe.

Wir kentern mit Schiffen,
die nie zum Schwimmen gebaut wurden.

Wir stürzen uns in die Wellen,
weg vom Land in die Unsicherheit.
Wir verlassen den Hafen,
ohne Gewissheit, ihn jemals wieder zu erreichen.
Wir vertrauen auf das Deck,
weil der Rumpf uns sicher scheint
und schwimmen unsere Kreise,
um uns selbst nur zu bereisen.

Wir kentern unentwegt und wunderschön,
um auf dem Grunde tauchend zu erkennen,
dass tatsächlich noch Wunder passieren,
geschehen
und dass es Zeit ist,
uns selbst die größten Wunder zu nennen.

Rettungsring.

Manchmal hat ein Rettungsring auch Arme
und Beine noch dazu.
Manchmal steht mir das Wasser
bis zum Halse und
meine Rettung, das bist Du.

Worauf es ankommt.

Es kommt nicht darauf an.
Aber worauf denn sonst?
Auf nichts.
Auf nichts? Ist das dein Ernst? Dein Nihilismus
zieht Dich da nicht so einfach aus der Sache raus.
Aus welcher Sache?
Dem Leben, mein Freund. Darum geht es doch.
Darum geht es?
Ja.
Also kommt es auch nur darauf an. Und weil es so
unendlich groß und unbeschreiblich ist, wird alles
andere nichtig.
Du bist betrunken.
Mag sein, dass ich das bin.
Und verrückt!
Ich hoffe doch!
Ich glaube, ich liebe Dich.
Was?
Ach, nichts.

- Stille für einen kurzen Moment -

Siehst Du, genau darauf kommt es an.

Entweder Oder.

Du bist kein Entweder-Oder-Mensch.
Du glaubst an Alles und an Nichts.
Schicksal und Zufall
sind bei Dir unter sich.

Du glaubst an alles,
doch zu wenig noch an Dich.
Denn Du bist Dein Leben,
ja, viel mehr bleibt da nicht

am Ende,
wenn alles was war,
nicht mehr ist.

Naturschutz.

Dein Inneres wie der Regenwald.
Jeder will dort roden.
Die Gefühle die Bäume, die fallen.
Die Naturgewalten der anderen, die toben,
vermischen sich inzwischen
mit Deinen eigenen Problemen.
Und am Ende kann man
vor lauter gefällten Bäumen
die innere Lichtung wieder sehen.
Und Du stehst nackt und verletzlich dort,
versuchst, Dich zu bedecken.
Doch da sind keine Bäume mehr,
sich hinter ihnen zu verstecken

Ach, was wäre das Leben so viel leichter,
wenn sie es anders nur machten.
Warum fällt es den Menschen so schwer
was natürlich ist, zu achten?

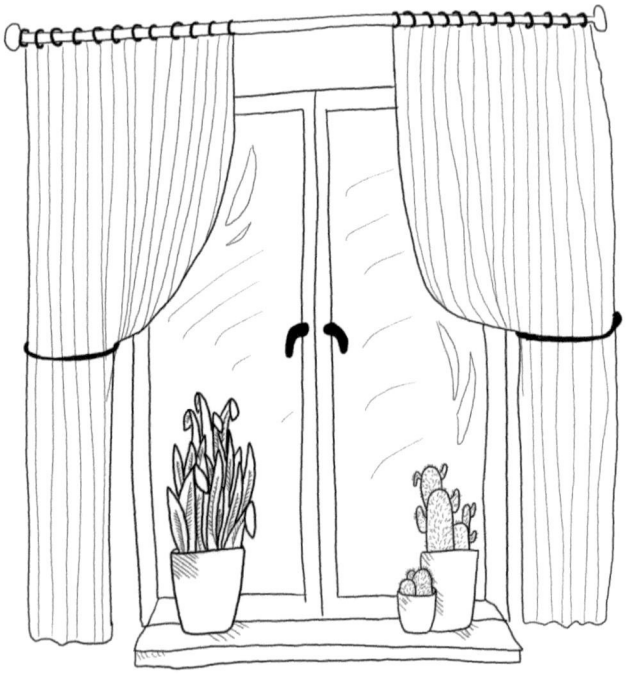

Fenstersicht.

Woran erkennt man einen Träumer?
- Er baut Fenster, wo andere Türen bauen.

Ein Träumer baut Fenster, durch die er die Welt
sieht, aber nie erreichen kann. Er kann sie öffnen,
die Luft reinlassen und den Wind in seinen Haaren
spüren, doch er kann sein Zimmer nie verlassen.
Andere Menschen bauen Türen, durch die sie die
Welt erreichen, von der sie nicht nur ewig träumen.

Und vielleicht bin ich ein Träumer, wenn ich den-
ke, dass alles besser werden kann. Vielleicht sind
die Hoffnungen nur Fenster, die ich für Türen hal-
te und einschlage, sobald ich bemerke, dass sie es
nicht sind. Vielleicht kann ich nur von einem Le-
ben träumen und werde es nie leben können.

Vielleicht bin ich ein Träumer.
Vielleicht bist Du es auch.

Wellenreiten.

Du kannst mich nehmen, wie ich bin,
doch nicht sehen,
wie's in mir drin wirklich aussieht.
Hinter der Kulisse steckt so vieles noch verborgen.
Ja, es stimmt, alles leise, wenn Du nicht sprichst.
Nicht redest, doch viel denkst.
Wenn Du hinter Deinem Vorhang
schon den Hinterhang aufhängst.
Wenn Du in tausend Schichten,
was außen nicht ist,
innerlich wie frischen Tau sammelst
und darin tauchst, selbst der Fisch bist.
Der in dem Meer in Dir drin
das Meer nicht erkennt.
Der seit Anfang seiner Tage schon
im Netz gefangen hängt, bist wie ertränkt.

Das Wasser ist Dir über den Kopf gestiegen.
Dein Herz wurde zu einem Stausee,
doch Du bist verweilt,
vielleicht auch nur aus Trotz geblieben.
Willst Deinen Gefühlen standhalten,
doch sie ziehen Dich nach unten.
Versuchst, eine Brücke
über das Meer in Dir zu bauen,
doch die Ufer sind verschwunden.

Das Meer der Gefühle hat das Land
von Rationalität und Verstand
komplett geflutet, ja, verbannt.

Und nun stehst Du dort in Deinen eigenen Fluten.
Lernst es zu lieben, zu leben, zu schweigen.
Hast sogar verlernt, laut zu fluchen.
Weil Wut nur eine Welle ist,
die Dich auf der Stelle frisst.
Also lernst Du die Leichtigkeit des Surfens,
des auf den Wellen Gleitens
und auf den Wellen Reitens.

Lernst Dich selbst zu akzeptieren,
all' Deine Quellen und Gezeiten.

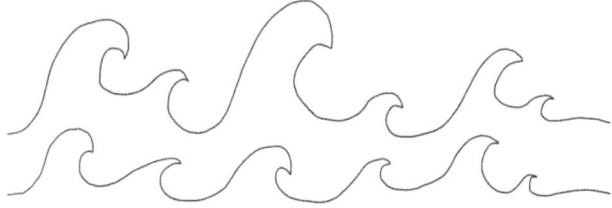

Geben & Nehmen.

Wir sind, was wir waren.
Zwischen Momenten und Jahren
blühen alle Erinnerungen in uns
noch einmal auf.
Es ist ein ewiges Geben und Nehmen.
Wir geben unser Leben
und die Zeit nimmt ihren Lauf.

Suchen & Finden.

Im Verdrängten liegt die Essenz des Herzens,
denn wir sind trainiert, dem Kummer zu entgehen.
Wir wollen Gefühle - alle, außer Schmerzen
und wundern uns, warum sie trotzdem entstehen.
Wir glauben, vergessen zu haben,
was uns vergessen hat.
Und doch hält es uns am seidenen Faden,
wie gesponnene Seide, in Träumen noch wach.
Und wir schlafwandeln durch unsere Gedanken,
wie verloren in einer Stadt,
die wir nicht mehr länger hinterfragen.

Wir versuchen, dem zu entkommen,
das uns entflieht
und sind doch selbst nur auf der Flucht.
Denn Jäger und Gejagtes
geben sich die Hand, wenn gefangen
und sie sangen,
die Einladung zum Tanze ganz am Schluss.
Denn was sich finden lassen will und was sucht,
gehört am Ende zueinander.
So gehört das Ich zum Du
und das Du auch keinem anderen.

Letzte Nacht.

Ich habe an Dich gedacht, letzte Nacht,
als der Sinn meines Lebens so schwer
auf meiner Brust gelegen
und mir den Atem genommen hat.
Denn da hast Du gesessen,
auf meinem Brustkorb, direkt über dem Herzen.
Denn da warst und - der Himmel weiß -
bist Du noch ein Teil des großen Ganzen.
Und alles dreht sich in der Nacht und
Du tanzt auf meinen Rippen mit eisernen Schritten -
Der Vergangenheit kann man nicht trauen,
denn sie verlässt Dich, so schnell lässt sie Dich stehen.
Und letzte Nacht habe ich an Dich gedacht.
Du hast mit all' dem Sinn
auf meinem Brustkorb gesessen.
Hast Dich blendend amüsiert.
Und ich habe das ungeschriebene Gesetz
des Universums verflucht,
dass man das, was man am meisten liebt,
auch am Ende doch verliert.

Letztendlich.

Letztendlich ist das Letzte nicht wirklich das Letzte,
denn das können wir nicht wissen.
Das Universum, das ist alles,
unser Leben nur ein bisschen.
Ein fast unsichtbarer Abschnitt
in dem Zeitstrahl der Galaxis.
Wir sind winzige Miniaturpersönlichkeiten,
aus vielen kleinen Gedanken
und Millionen kleinen Teilchen
zusammengesetzt und perfektioniert,
um zu lernen und zu verstehen,
dass man irgendwann all' das verliert.
Nur die Seele, die wird ewig leben.
Irgendwo da draußen in der ewigen Unendlichkeit.

Was ist schon unser Leben
in der unendlich weiten Welt der Zeit?

Neubeginne.

Neubeginne werden aus Schlussstrichen gezogen und aus dem Mut geboren, neue Schritte zu gehen, obwohl man gerade erst gefallen ist. Denn man baut neue Welten aus Ruinen und sich selbst wieder zusammen, aus den Teilen, in die man zerfallen ist. Denn was ist das Leben am Ende denn mehr als diese ewige Suche nach sich selbst? Dieser ewige Versuch der Akzeptanz und Wertschätzung, die man bei anderen sucht, doch nur bei sich selbst finden kann. Und es geht dabei weniger um Egoismus, als viel mehr darum, sich einzugestehen, dass man die einzige Konstante in seinem Leben ist, die einem für immer und bis zum Ende bleiben wird.

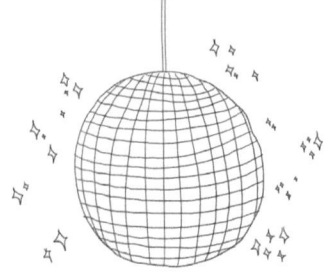

Perfektionisten.

Bin aus dem Club der
Perfektionisten ausgetreten.
Die Regeln war'n mir viel zu streng.
Will nicht konzipieren, ich will leben.
Will nicht stehen, vor lauter Angst zu stolpern,
ich will rennen.
Ich will Fehler machen,
viele und auch schöne.
Will sie sammeln wie Trophäen,
ein ganzes Stück und nicht nur eine Szene.
Ein Theater der Makel, ein Stück Realität.
Nicht nur Ja und Amen,
sondern ein ganzes Gebet.

Ein schlechter Tag.

Heute war ein schlechter Tag,
das Wetter war beschissen.
Ich hätt' so gern den Regen angeschrien
und alle Wolken aus dem Himmelsgrau gerissen.

Heute war ein schlechter Tag,
die Bahn hatte Verspätung
und mein sonst so perfekt
einstudiertes Massenlächeln
hatte eine unsichere Vertretung.

Heute war ein schlechter Tag,
mein Nagel ist abgebrochen.
Dabei hab' ich ihn erst frisch lackiert
und der Lack hat maximale Leuchtkraft
mir versprochen.

Doch jetzt liegt nur ein verblasstes Stück Rot
vor mir auf dem Pflasterschein.
Ich lass' es liegen und lege mich daneben
und lass' den Tag nun eben einen schlechten sein.

Aber plötzlich wird mir doch bewusst,
dass er nur ist, wie ich ihn sehe.
Und dass er doch viel besser ist,
wenn ich den Tag verlaufen lass'
und nicht mit ihm zu Grunde gehe.

Denn all' das Schlechte wirft
zwar Schatten auf das Gute,
das man dadurch schnell vergisst.

Ja, dunkel kann der Tag zwar sein,
doch genauso hell am Ende auch das Licht.

Hunger.

Ich gebe Dir wenig
und doch alles was ich hab'.
Servier' Dir mein Herz auf einem Silbertablett,
in der Hoffnung,
Du wirst satt.

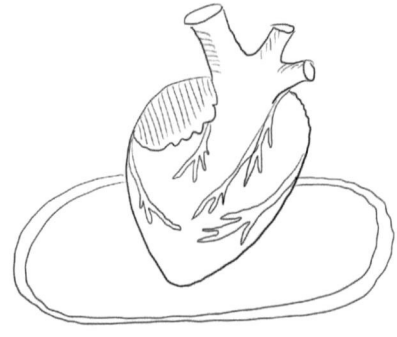

Der Schwan.

Bist im Tümpel groß geworden,
Deine Federn war'n erst grau.
Du hast versucht, sie auszureißen,
doch sie blieben im Gefieder,
weil Du zu schwach warst, Dich zu schwächen.
Und heute, in dem Morgen von Gestern,
das Grau nicht mehr siehst.
Hast Zeit gebraucht, doch jetzt, da liebst Du Dich
und so ist Grau dem Weiß gewichen.
Als Dir die Grenzen deines Selbst
zu eng und auch zu streng erschienen,
hast Du Dich aus ihnen rausgeschlichen.
Bist Wassermassen endlos ausgewichen,
um letztendlich selbst den Kopf hinein zu tauchen.
Um zu lernen, dran zu glauben,
dass in der Tiefe das steckt
was Du in der Ferne verzweifelt suchst.

Alleine gegen Alle.

Du sagst: „Alleine gegen Alle",
doch bist nur alleine gegen Dich selbst.
Willst loslassen und fliegen,
doch bist selbst, was Dich noch hält.
Findest keine passenden Worte,
doch Dein Schweigen passt perfekt.
Denn diese Stille, die ist goldwert
und diese Stille, die ist echt.
Denn alles, was Du sagst,
verliert an Farbe, wenn Du sprichst.
Da ist alles durcheinander,
es ist ein Chaos, kein Gedicht.
Und Du sagst, Du willst fliegen,
doch es ist dein eigenes Gewicht,
das Dich am Boden hält,
das deine Hoffnung zerbricht.

Du sagst: „Alleine gegen Alle",
doch bist nur alleine gegen Dich selbst.
Willst loslassen und fliegen,
doch bist selbst, was Dich noch hält.
Und deine Flügel aus Wachs,
die fangen an zu schmelzen.
Nicht wegen der Sonne,
sondern dem Feuer in Deiner Brust.
Und Du lässt es einfach so geschehen,
versuchst trotzdem noch zu fliegen,
als hättest Du es besser nicht gewusst

Als würdest Du den Schmerz fühlen,
den ich wegen Dir gespürt hab'.
Weil ich Dich wohl zu eng an mich gezogen
und das Feuer in Deiner Brust gekühlt hab'.
Weil ich zu nah war,
wo Du Dir doch selbst schon zu nah bist.
Weil jeder nun mal alleine gegen Alle
und ein jeder Mensch im Großen und Ganzen
allein' ist.

Du sagst: „Alleine gegen Alle",
doch bist nur alleine gegen Dich selbst.
Willst loslassen und fliegen,
doch bist selbst, was Dich noch hält.
Das Blei an Deinen Füßen.
Die Höhenangst beim ersten Schritt.
Ich glaub', ich muss mich von Dir entfernen
und ich glaube, am besten, Du kommst mit.
Denn Du bist zu sehr bei Dir
und zu wenig bei den ander'n.
Bist konzentriert auf Deine Rede
und verpasst dabei den Anfang

Doch keine Angst, Dein Schweigen passt perfekt.
Denn diese Stille, die ist goldwert
und diese Stille, die ist echt.
Denn alles, was Du sagst, verliert an Farbe,
wenn Du sprichst.

Da ist alles durcheinander.
Es ist ein Chaos,
kein Gedicht.

Selbstoffenbarung.

Fang an, verdammt.
Fang an, Dich zu entdecken.
Lass' Deine Hüllen fallen
und den Zwang, Dich zu verstecken.

Dass Du ohne Schaden
Antworten zu all' den Fragen
erhalten wirst,
kann ich Dir nicht versprechen.
Doch, dass es sich lohnt,

Es zu versuchen,
es zu wagen,
es zu testen.

Liebesbriefe.

Ich schreibe Liebesbriefe an mich selbst,
doch ich schick' sie niemals ab,
weil ich den Adressaten
immer noch nicht gefunden hab'.

Und meine Schrift ist so fürchterlich,
unleserlich geschrieben.
Und ich frag' mich immer wieder,
ob das überhaupt funktioniert:
Mich zu lieben.

Seelenwerkstatt.

Du bist Deine eigene Baustelle,
Deine eigene Werkstatt.
Und nur Du alleine kannst Dich reparieren,
weil nur Du weißt,
wo Du Deine Ersatzteile her hast.
Und weißt, wie es sich anfühlt,
Dich selbst zu verlieren.
Nur Du weißt, wo Du verloren gehst
und wo Du Dich versteckst.
Du weißt, woran Dein Leben scheitert,
was Dich bewegt, was Dich verletzt.

Nur Du weißt den Weg zurück,
wo alles angefangen hat.
Und Du musst ihn einsam und alleine gehen,
denn das alles findet lediglich
in Deinen ewigen Gedanken statt.

Denn Dein Denken ist Dein Motor
und er treibt Dich ständig an.
Nur manchmal überhitzt er sich maßlos
und bemerkt gar nicht, dass es besser wäre,
langsamer zu fahren
weil er denkt, er halte dabei an.

Geschenk.

Ich hab' versucht, mir einzureden,
doch ich hör' mir selbst nicht zu.

„Hör' mal, das Leben ist ne Party, Kleines.
So wunderschön und das Geschenk bist Du."

Telefonzelle.

Das Leben ist eine Telefonzelle,
ja, so manche stille Nacht,
hebt kein Du und auch kein Ich dort ab.
Weil ich mich, seitdem ich Freiheit schmecke
zum feinen Beigeschmack verpflichtet hab',
der ab und an die Nervenenden quält
und sich in verzerrten Gesichtern
eingeschlichen hat.

Dann ist mir nicht zum Reden zumute,
dann bin ich lieber still.
Und lass' das Telefon klingeln
und klingeln und in die Nacht schrill'n.

Warteschleife.

Und Du wartest
und Du wartest.
Vielleicht auch nur auf Nichts.
Vielleicht am Ende nur auf Dich.

Badesee.

Adern sind
die Flüsse des Lebens
und das Herz ein Badesee,
an dessen Ufer man sich setzt
und wartet,
bis jemand mutig baden geht.

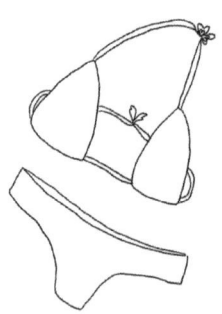

Passive Anwesenheit.

Ich bin nicht ganz involviert,
bei dem was passiert.
In meinem Leben wie ferngesteuert,
wie vorprogrammiert.
Doch so geht's doch nicht nur mir,
genauso geht's doch auch Dir.
Seh' es Dir an, an Deinem Gang, unsicher balanciert.
Schaust mich an und Dein Blick sagt das,
was Du verschweigst.
Dein Blick offenbart, was Du mir nicht sagst,
mir nicht zeigst.
Ich schau' zurück, Du schaust nach unten
und ich weiß, was das heißt:
Blickkontakt ist Salz in Deinen Wunden,

Weil Du Dein Inneres nicht teilst.
Weil Du Dein Inneres nicht heilst.

Auf Wiedersehen.

Wir sehen weniger, als dass wir suchen
und suchen mehr, als dass es gibt.
Weil alles da ist, was wir brauchen
und alles sich am Ende fügt.

Weil wir einander haben, ohne zu wissen,
was das letztendlich bedeutet.
Denn mit jedem Moment zusammen
konservieren wir unser unendliches Heute.

Denn alles, was wir haben, ist dieser Augenblick,
doch wir schlafwandeln nur durch die Tage der Jahre
und wundern uns, wenn ein neues,
erst begonnen, wieder vollendet ist.

Denn wir sehen nicht hin, nur hinter die Dinge.
Verwechseln Schatten mit Gestalten.
Durchleben den Tag ganz so,
als wollten wir ihn nur hinter uns bringen.

Und trotzdem sehen wir uns manchmal
tief in die Augen
und wundern uns, warum wir uns darin wieder sehen,
doch lächeln nur und schütteln Hände
und sagen stets „Auf Wiedersehen".

Wir sagen uns „Auf Wiedersehen",
mit einem leichten Klang der Melancholie.
Doch um ehrlich zu sein,
haben wir uns doch nie gesehen.

Ja, wir begegnen uns, doch uns sehen?
Ja, uns wirklich sehen?
Ich glaube, das tun wir wohl nie.

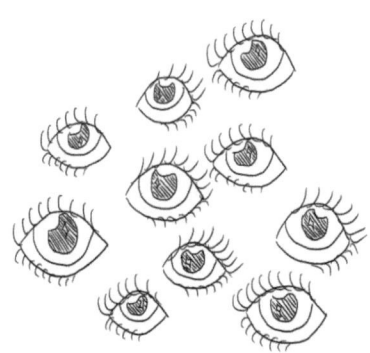

Ab und an.

Ab und an
komm' ich ab vom Weg,
doch das ist manchmal gut,
weil ich dann auch versteh':
Dass kein Plan je
das Leben lenken kann.
Dass man nie wirklich wissen,
ja, immerzu nur denken kann.

Der Mond.

„Werden wir unendlich sein?"

„Nein, aber dieser Moment."

„Dieser Moment?"

„Ja, wie ein Echo der Zeit, das immer wiederkehrt wie die Ebbe und die Flut."

Sie schaut eine Weile auf die Wellen, die vor uns brechen, genauso wie ich es tue.

„Meinst du, der Mond reguliert unsere Zeit und Erinnerung?"

„Er reguliert alles."

„Also ist er unser Momentesammler?"

„Vielleicht."

Mein Wort hallt nach in der kommenden Nacht und verschwindet in der Dämmerung des Tages.

„Vielleicht nimmt er deshalb immer ab. Weil er zu voll an Erinnerungen geworden ist. Vielleicht muss selbst der Mond manchmal vergessen."

Sie nickt.

„Das müssen wir alle."

Trilogie der Zeit.

I.

Und wenn der Augenblick zählt,
sind wir doch auch nur ein Teil seiner Rechnung.

II.

Falsche Entscheidungen existieren nur in der Zu-
kunft.
Denn man erkennt sie erst,
wenn man sie schon längst getroffen hat.

III.

Wir tragen Uhren.
Uns trägt die Zeit.

Irgendwie, irgendwann.

Alles wird schon irgendwie, wenn nicht jetzt, dann irgendwann. Jeder Moment ist eine neue Reise, immer wieder auch ein Neuanfang. Und wir lernen tanzen, bleiben manchmal still stehen. Suchen unsere Wege und lernen sie zu gehen. Wir fallen und fallen und stehen wieder auf, immer wieder. Manchmal hängt die Platte und manchmal spielt das Leben die schönsten Lieder. Und wir tanzen. Wir tanzen immer weiter, manchmal neben dem Takt. Im Tal kann es schön sein, manchmal geht es bergab. Manchmal brauchen wir Pausen, ein Schlag Ruhe im Takt. Doch wir tanzen, wir tanzen immer weiter.

Und alles wird schon irgendwie.
Wenn nicht jetzt,
Dann irgendwann.

Kinderwunsch.

„Wenn ich groß bin, will ich glücklich sein!"

Steht im Freundebuch geschrieben
und während wir jedes Jahr erneut
ins Sektglas blicken
und Wünsche mit Raketen
in den Himmel schicken,
fragen wir uns: Was ist von dieser Hoffnung
denn überhaupt noch geblieben?

Wie Peter Pan wollten wir sein,
doch Tinkerbell ist verschwunden
und wir haben aufgehört, sie zu suchen.
Mit der Zeit hat uns die Zeit wohl überwunden.

Wie Peter Pan wollten wir sein,
doch alt sind wir geworden
und groß, parallel zur Angst gewachsen,
ist das Kind in uns
scheinbar schon so früh gestorben.

Inneres Kind.

Ich sage oft,
dass ich gerne wieder ein Kind sein würde.
Nur um dann zu verstehen,
dass ich es immer noch bin.

Januar.

Mir hat mal jemand gesagt,
dass, wenn der Montag vorbei ist,
schon fast die ganze Woche vorbei ist.
Und genauso ist es mit dem Januar.
Alles rast vorbei,
doch das wird uns erst am Ende klar,
wenn nichts mehr ist und alles schon war.

Der Montag, der Anfang und das Ende
von etwas kleinem Großen, wie der Januar.
Eine Einheit, eine Kapsel der Zeit,
eine private Insel am Sandstrand der Unendlichkeit,
wo keiner von uns unendlich bleibt
und jedes Sandkorn fast unbemerkt durch unsere
Finger rinnt und begraben
unter allen anderen Erinnerungen liegt.

Wo Wellen sich brechen
und an manchen Stellen
Versprechen sich versprechen
und wir selbst uns auch
und wir reden nur wenig
und kommen auf keinen Punkt,
stoßen seit Unendlichkeiten auf unendlichweite
Sprachlosigkeit unserer Fragezeichen.

Mit der Frage der Zeit und der Frage, was bleibt.

Und ich glaube, du bist der Januar meiner Zeit,
weil nach Dir nichts mehr kommt
und nach Dir nichts mehr bleibt.
Du warst meine Unendlichkeit
in einem endlichen Moment.
Mit Dir war ich ich selbst
und doch auch ein anderer Mensch.

Du warst mein Anfang und der meines Endes.
Hast meinen Prolog angefangen
Und meinen Epilog damit beendet.

Die Leere.

Die Leere ist leicht zu erklären,
weil da weiter nichts ist.
Doch sie ist schwer zu erklären,
wenn Du Teil von ihr bist.

Die Blumenwiese.

Halte an Blumen fest, aber pflücke sie nicht ab.
Auch wenn es schwer ist, etwas Schönes zu ehren,
wenn man es erst mal gefunden hat.
Denn die Zeit nimmt es sehr schnell wieder
und sieht sich dann an Deinen Wunden satt.
Und weil wir alle wissen,
wie schnell sie uns überwunden hat,
neigen wir dazu, alles Schöne an uns zu reißen.
Und alles, was an uns schön ist, damit zu beweisen.
Weil wir alle um uns selbst doch nur kreisen,
mit der Illusion und der Hoffnung,
dass wir alle doch Eins sind.
Wie Blumen auf einem Feld des Lebens,
welche die Zeit sich pflückt.

Weil wir so schön sind,
so schön sind,
so vergänglich
und schön sind.

Anker.

Die Liebe sei Dein Anker,
mit Deinem Schiff im Kosmos treibend.
Schiffbrüchig bist Du schon so oft gewesen,
dich dabei verlierend, vergessend,
Verschweigend.

Doch nun findest Du zurück
in einen Hafen, der Dich schützt.
Die Träumerei wich Deinem Leben
und Du sprichst sie nun wieder fließend,
die mystische Sprache des Glücks.

Du sagst „Danke"
und schmeißt den Anker über Bord.
Das hier ist Dein Zuhause,
Dein Ankommen und
Dein Ort.

Meer & Vermissen.

Das Meer beeilt sich, sagst Du,
den Strand wieder zu küssen.

Ja, es weiß wohl, wie das ist,
sag' ich und meine
das Vermissen.

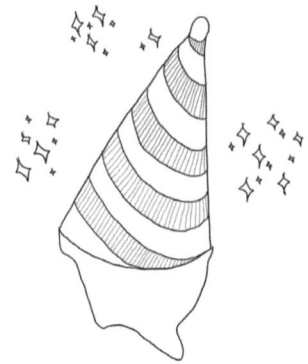

Partyhut.

Die Erinnerung schmeißt eine Party
und sie lädt mich ständig ein.
Hab' mir einen Partyhut gekauft
und gehe hin,
nur um zwischen leeren Pappbechern
zu bemerken:

Ich will hier gar nicht sein.

Teufelswerk.

Der Teufel steckt im Detail, sagst Du
und schenkst mir ein leeres Blatt Papier.
Unbeschrieben, nicht gefaltet,
sagst, Du hättest diese Leere satt.
Doch wo ist jetzt der Teufel, frag' ich
und Du fängst nur an zu lächeln.
Das einzig Gute an dieser Leere, sagst Du -
man kann sich dort vor ihm verstecken.
Denn die Leere sei detaillos
und kein Teufel sei im Nichts.
Schön und gut, sag' ich Dir und lächle,
nur schlecht, wenn Du selbst der Teufel bist.

Italien.

Wäre Deine Seele eine Hauptstadt,
dann die von Italien.
Denn alle meine Wege
führen nach Rom
und der Kompass meiner Seele
trägt, wo sonst der Norden steht
ja nur Deine Initialien.

Wären Menschen eine Straßenführung,
wärst Du sicher wie Venedig.
Nicht, weil Du nah am Wasser gebaut bist,
sondern weil Du fließt,
als gäb's kein Halten und kein' Käfig.

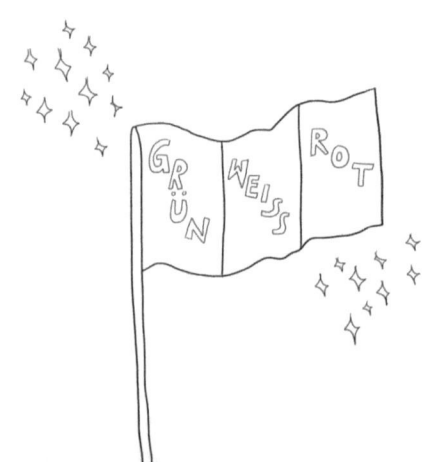

Freiheit.

Frei ist doch am Ende oft,
das, was uns eingeschlossen scheint.
Denn Freiheit steckt verborgen dort,
wo unser Herz Verstand verneint.

Grenzen sind nur selbst geschneidert,
viel zu streng und eng geschnürt.
Dabei haben wir unendlich Freiraum,
wohin uns auch der Weg noch führt.

Manchmal.

Manchmal,
da denke ich:
Alles ist schön.

Dann könnte ich
versuchen,
die ganze Welt
zu umarmen.

Dann will ich
das Leben nur lieben,
ohne es zu verstehen.

Das Leben.

Das Leben, verdammt, das Leben - wo fange ich da bloß an? Das Leben ist wie eine dauernd explodierende Rakete, die alles erhellt und alles ist laut und bunt und immer explodiert es in den hellsten Farben über dem Horizont, den wir gemeinsam teilen und wir schauen auf die Spiegelungen des Lichts auf dem Wasser und erkennen uns in den Mustern wieder, die es wirft und wir werfen uns hinein in dieses schöne Chaos, ohne dabei unterzugehen. Denn es umhüllt uns schützend. Es lässt uns nicht los - nicht jetzt, in diesem Moment. Und wir zelebrieren ihn, als wäre er der letzte, die letzte schillernde Perle auf der Kette, doch diese Kette schmückt uns noch weiter und immer weiter, immer schöner. Das Leben ist eine dauernd explodierende Rakete und wir stehen unter Sternenstaub geduscht, wie neu geboren, jeden Tag in diesem Zirkuszelt der Wunder. Die Manege bebt und die Lichter tanzen mit uns durch die Nacht und alles ist erhellt und alles ist hier und jetzt und - das Leben, es ist omnipresent und so wunder-, ja wirklich so wunderwunderschön. Es ist ein reißender, sich ewig verändernder Fluss, der doch in die Richtung fließt, in die er zu fließen hat. Vom Berg ins Tal und irgendwann münden wir alle im ewigen Meer der Erinnerung. Doch jetzt, jetzt lassen wir uns treiben und treiben und begeistern. Das Leben, das ist das Verrückteste überhaupt, ein Sechser im Lotto mit dem Gewinn der Verrücktheit unserer Existenz. Wir sind hier und wir sind das Leben und wir sind schön. Wir alle.

Nichts ist für immer,
doch immer ist Jetzt.

Und das reicht Dir unendlich,
wenn Du es erkennst
und auch schätzt.

Outro.

Das ist es. Das sind vier Jahre (2016-2020) viel Denken und Schreiben und Fühlen und Verarbeiten in einem Buch. Falls Du Dich in einem der Texte wiederfindest, kann es gut sein, dass er genau von Dir handelt. Denn indirekt ist es an alle, an jede*n Einzelne*n adressiert - sich in den Worten wiederzufinden. Sich darin Zuhause zu fühlen und einzusehen, dass wir alle ziemlich ähnliche Gedanken und Gefühle haben. Denn wir sind alle (nur) Menschen.

Wir sind alle wundervolle und seltsame Wesen.
Und es ist schön, dass es Dich gibt.
Das solltest Du mal öfters zu Dir selbst sagen.

Danke.

Danke an meine Familie und Freunde, die mich von Anfang an in der Sache, die ich liebe - meiner Leidenschaft - unterstützt haben. Besonders mein Paps, mit dem ich zusammen philosophieren kann, wie sonst mit niemanden. Danke Dir dafür! Und danke auch Dir, Mama - für's Korrekturlesen und generell für Alles! Ihr seid mein Anker.

Ich könnte jetzt so viele Namen nennen und schon alleine, nur daran zu denken, erfüllt meine Seele bis oben hin mit Dankbarkeit. Alessa und Jonas, meine Geschwister, die ich auch lieben würde, wenn sie nicht meine Geschwister wären. Jara, Du hast wohl die verrücktesten Gedichte von mir gelesen. Du kennst Gedichte, die ich (aus gutem Grund) wieder verbrannt habe. Du kennst mich generell ziemlich gut. Susan, Dir habe ich - wenn man es professionell ausdrückt - die sinnloseste Alltagspoesie geschrieben - but here you are, still by my side! Anna, oh, Anna, wo fange ich an? Normalerweise fällt es mir so leicht, die richtigen Worte zu finden. Doch bei Dir ist es schwierig, irgendwie. Du bist eben eine ganz besondere Muse. Valerie, Victoria und der

Kommissar mit dem Messer. Candygirl (ich hoffe, diese Person kennt noch ihr Pseudonym). Jakob, wie waren nochmal die Sätze? Bettina Weber kocht welche Marmelade? Und ein Esel frisst nie Stroh mit Flöhen? Du bist einer der schlausten Menschen, die ich kenne und Dein Gedächtnis ist das verblüffenste Gerät dieser Welt! Charlotte, die damals 2010 mein erstes „Buch" Korrektur gelesen und die wohl coolsten Kommentare dazu geschrieben hat (die am Ende cooler waren, als das Buch selbst). Hanna, Du philosophische Seele und Wundermensch! Die Deeptalks mit Dir waren und sind mir immer noch eine Ehre.

Und auch danke Dir: _____
(hier bitte Deinen Namen einfügen). Denn Du bist Teil des großen Ganzen. Nicht nur von diesem Buch, sondern auch von diesem wunderschönen Leben!